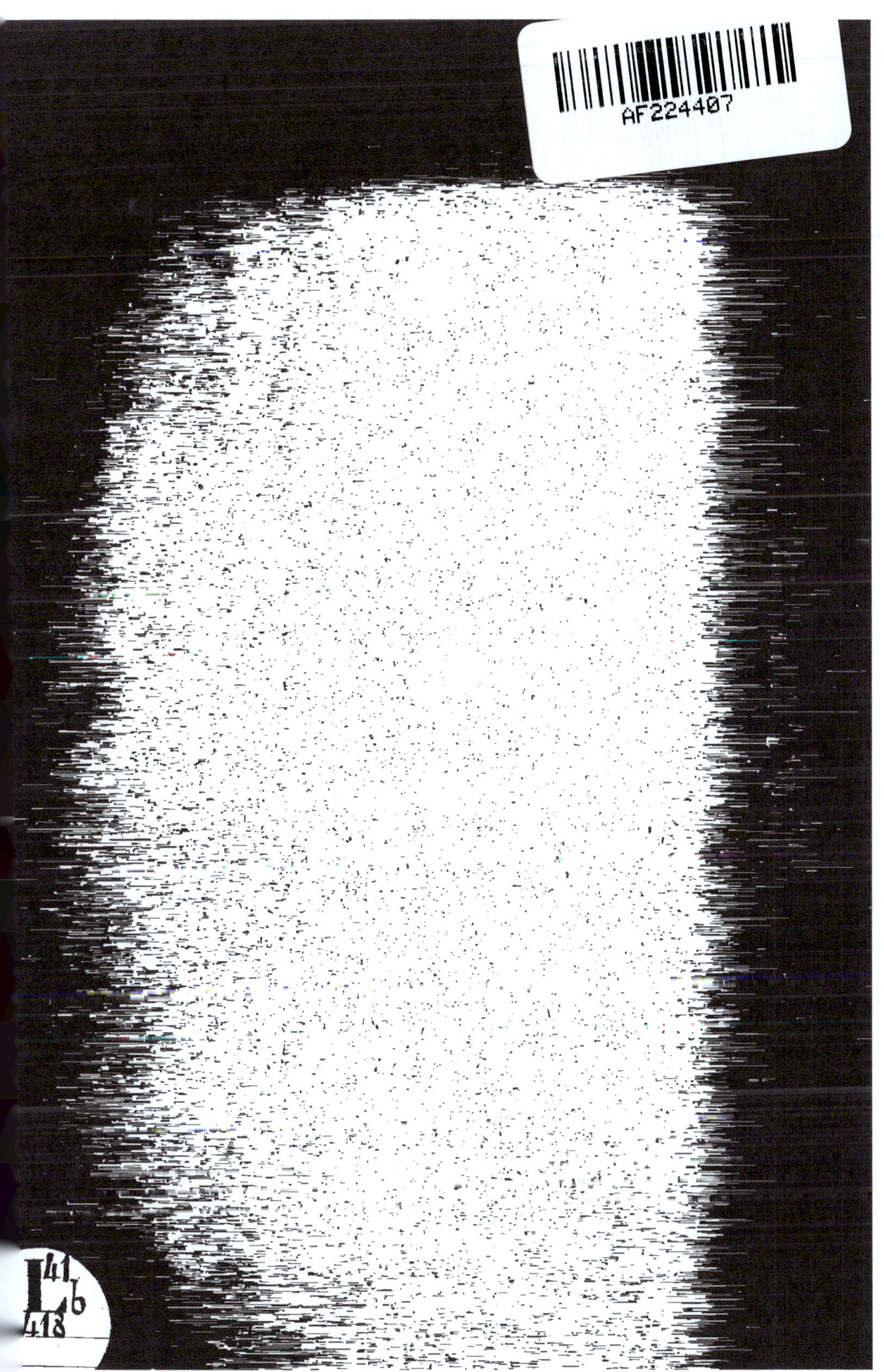

BONCHAMPS

ET

LES PRISONNIERS RÉPUBLICAINS

DE

SAINT-FLORENT-LE-VIEIL

PAR

M. ALBERT LEMARCHAND

Conservateur adjoint de la Bibliothèque d'Angers.

ANGERS

IMPRIMERIE-LIBRAIRIE DE E. BARASSÉ, RUE SAINT-LAUD, 83.

—

1867
1868

BONCHAMPS

ET LES

PRISONNIERS RÉPUBLICAINS

DE

SAINT-FLORENT-LE-VIEIL.

Notre siècle est très-fier de lui-même. Il est convaincu qu'il a opéré une réforme radicale dans les études ; qu'il est doué d'une raison supérieure, affranchie de tout préjugé ; que son intelligence se joue des questions les plus abstraites, comme des problèmes les plus compliqués ; qu'il possède la vraie notion de l'homme et de l'univers, et il regarde en dédain tous les âges qui l'ont précédé. Une de ses grandes prétentions, c'est d'avoir fondé la critique historique. Jusqu'ici, assure-t-il, l'histoire n'a été qu'un immense enchevêtrement d'affirmations puériles ou téméraires, et c'est à lui qu'a été réservé l'honneur de débrouiller l'écheveau. Nous voudrions l'en croire; mais toutes les fois qu'il nous arrive de consulter un des illustres historiens qui se sont succédé depuis Thucydide jusqu'à l'auteur de l'*Histoire des Variations*, le prestige des renommées du présent s'amoindrit à nos yeux. Est-ce à dire que la critique du dix-neuvième siècle nous semble tout à fait vaine ou inféconde? Non pas assurément. Nous avons seulement en extrême défiance le procédé de certaines écoles, qui n'est peut-être pas toujours celui d'une saine logique, et nous inclinons à penser que de nos jours on a beaucoup plus obscurci qu'élucidé, beaucoup plus méconnu de vérités que dissipé d'erreurs. Si le mouvement continuait, ce serait à ne plus distinguer aucune route dans le passé, et à jeter dans les torpeurs du scepticisme tout ce qui reste parmi nous de jeunes enthousiasmes. Heureusement, il est de vigilants esprits qui ont pris l'alarme et se sont mis à l'œuvre pour écarter le péril. Nous nous bornons pour aujourd'hui à signaler les écrivains de la *Revue des questions historiques*. Cette publication date d'une année à peine ; mais que de terrain elle a déjà nettoyé, sans bruit ni violence ! Nous la recommandons à tous ceux qui auraient besoin d'éclaircissements sur la Pragmatique de saint Louis et sur le Droit de seigneur ; sur la mission de Jeanne d'Arc et sur la condamnation de Galilée ; sur la guerre des Albigeois et sur la Saint-Barthélemy. Ils y trouveront des articles de l'érudition la plus sûre, et sauront à quoi s'en tenir sur une foule de déclamations qui sont devenues très-monotones, sans cesser d'être dangereuses.

Une des écoles que nous aurions le plus de plaisir à voir méditer les sérieux travaux de la *Revue des questions historiques*, a entrepris de démontrer qu'on avait attribué très-gratuitement au célèbre héros vendéen Bonchamps, la délivrance de quatre ou cinq mille soldats républicains, captifs à Saint-Florent-le-Vieil, au moment où l'armée royaliste, vaincue à la bataille de Cholet, en octobre 1793, se préparait à franchir la Loire. Ni la réputation de Bonchamps ni celle de l'armée vendéenne ne sont engagées dans la question, puisqu'après tout les prisonniers ont été mis en liberté. Quel que soit donc le motif de l'insistance qu'on met à soutenir cette assertion, si de fortes preuves étaient produites à l'appui, nous ne ferions aucune difficulté d'abandonner l'opinion reçue. Mais nous venons d'étudier attentivement tout ce que nous avons pu recueillir de textes à ce sujet, et nous croyons qu'il y a là encore à maintenir un fait très-bien établi contre des négations très-faiblement étayées. Nous allons exposer les documents du débat, en les accompagnant de quelques réflexions, et le lecteur jugera.

Racontons d'abord les événements, d'après la version la plus accréditée, et remontons, pour plus de clarté, jusqu'aux combats de la Tremblaye et de Cholet.

Les Vendéens défendaient depuis sept mois, avec une fière opiniâtreté, leur croix et leur drapeau, lorsque la Convention, lasse du système des colonnes détachées, résolut de centraliser toutes ses forces et d'agir en masse contre les insurgés. Un ancien maître d'armes de Poitiers, L'Echelle, fut nommé général en chef de l'armée de l'Ouest. C'était un fanfaron brutal et ignorant qui ne devait cette haute position qu'à ses attitudes de démagogue exalté; mais il avait sous ses ordres des hommes vaillants et habiles, tels que Haxo, Beaupuy, Marceau et surtout Kleber. Les troupes républicaines s'emparèrent rapidement de Chantonnay, de Bressuire, de Châtillon, de Mortagne, et, le 15 octobre 1793, L'Echelle partit de cette dernière ville pour aller attaquer Cholet. Il rencontra les Vendéens près du vieux château de la Tremblaye, en face de Saint-Christophe-du-Bois.

Kleber commandait la gauche de l'armée républicaine, Beaupuy le centre, et Marceau la droite. Lescure signala le premier, du haut d'un tertre où il s'était placé en observation, l'approche des ennemis. Il se jeta de suite au-devant d'eux, suivi de son intrépide bande. A peine l'action était-elle engagée, qu'une balle l'atteignit à la tête et qu'il tomba inanimé, couvert de sang, au milieu des siens. L'aile droite des Bleus n'en plia pas moins un instant sous l'élan des Vendéens. Mais les terribles baïonnettes de Mayence s'avancèrent tout à coup, menaçantes et rapides, serrées comme des épis, et les cadavres s'entassèrent sur les feuilles jaunies dont l'automne avait déjà jonché les avenues du château de la Tremblaye. On apprit au même instant que Lescure était mourant et qu'on l'emportait à Beaupréau. Cette nouvelle acheva de répandre l'alarme dans l'armée royaliste; elle fléchit et se retira vers Cholet. Les républicains purent alors mesurer le sang que leur coûtait la victoire. Il avait été versé abondamment. Les adjudants-généraux Tyran et Besson étaient au nombre des morts; Labruyère était couvert de blessures, et Villeneuve, qui commandait le bataillon *le Vengeur*, avait le corps sillonné de quatorze coups de sabre. Quant à L'Echelle, plus lâche encore qu'incapable, il était constamment demeuré à la queue de l'armée. Le combat terminé, il alla se faire servir à dîner dans une salle du château de la Tremblaye, reprit avec impudence ses airs de matamore, et écrivit à Kleber :

« Canonnez Cholet ; envoyez-lui des obus, et prenez-le cette nuit. »

Les Vendéens ne restèrent pas longtemps à Cholet. Ils laissèrent une partie de leur artillerie dans cette ville, et gagnèrent Beaupréau. Pendant qu'ils délibéraient en ce lieu sur les mesures à prendre pour réparer leur défaite, Kleber préparait, au château de la Treille, un projet de défense. Quand ses plans furent arrêtés, il les soumit à L'Echelle.

— C'est bien, lui dit celui-ci sans même les examiner ; majestueusement et en masse !

C'était l'emphatique refrain sous lequel il avait l'habitude de dissimuler son ignorance. Kleber sortit, et ordonna les troupes. L'avant-garde, composée de Mayençais, alla se placer dans la lande de la Papinière, sur la route du May. Haxo fut chargé de garder la route de Saint-Macaire, et le corps principal de l'armée de l'Ouest se déploya en arc de cercle entre les châteaux de la Treille et du Bois-Grolleau. Les troupes de Chalbos, qui étaient arrivées à Cholet dans la nuit du 15 au 16 octobre, formaient une réserve derrière la Moine. Le 17 octobre, à deux heures de l'après-midi, l'armée vendéenne, forte de quarante mille hommes environ, commandée par Bonchamps à gauche, par d'Elbée au centre, par Stofflet et Larochejaquelein à droite, attaqua l'avant-garde avec une formidable violence. Beaupuy, qui en était le chef, eut deux chevaux tués sous lui ; et quand il tomba du second, un de ses éperons s'étant engagé dans la housse, il faillit être fait prisonnier. Il parvint cependant à se débarrasser de sa botte, se cacha un moment derrière un caisson, puis alla rejoindre le bataillon de l'Hérault. La division de Chalbos reçut l'ordre d'aller soutenir les Mayençais. Elle s'avança, mais lentement ; et à peine était-elle en face des royalistes, qu'elle fut prise d'une terreur subite, jeta ses armes et repassa la Moine. Kleber se mit alors à la tête du 109e, fit jouer une marche guerrière à la musique de ce régiment, et ranima par sa mâle contenance les troupes de l'avant-garde et de l'aile gauche. Les royalistes, contraints de céder de ce côté, se portèrent sur le centre où commandait Marceau. Ils furent accueillis par une épaisse mitraille qui ouvrit de larges brèches dans leurs rangs. La lutte devint alors désespérée. « C'était, dit Kleber, un combat de tigres et de lions. » Bonchamps fut atteint mortellement d'une balle dans la poitrine, et d'Elbée reçut plusieurs blessures. Quand vint la nuit, il fallut bien renoncer à la victoire. On était à bout de forces, sinon de courage, et les Vendéens, jetant un regard plein de larmes sur leurs campagnes désolées, s'enfuirent vers Saint-Florent-le-Vieil, emmenant avec eux plusieurs milliers de captifs.

On sait ce qui poussait les Vendéens au bord de la Loire. Passer ce fleuve, pour aller rejoindre les royalistes de Bretagne, c'était l'idée de Bonchamps; et pendant qu'on essayait d'arrêter l'armée républicaine au château de la Treille, le prince de Talmont, le chevalier de Turpin et M. d'Autichamp étaient allés s'emparer de Varades. Henri de Larochejaquelein, au contraire, résistait de toute son énergie à ce qu'il appelait une désertion, et Lescure voulait mourir comme lui sur le sol vendéen. Mais la direction était prise; toutes les populations du pays insurgé affluaient vers la Loire; les Bleus, enivrés de leur triomphe, étaient à leur poursuite, et l'avis de Bonchamps prévalut.

Restait à savoir ce qu'on ferait des prisonniers, enfermés au nombre de cinq mille environ dans l'abbaye de Saint-Florent. La foule, voulant laisser à l'armée républicaine un témoignage de menaçant adieu, demandait qu'ils fussent égorgés sans pitié, et presque tous les officiers vendéens paraissaient disposés à céder au vœu de ces fugitifs en délire. Lescure, étendu sur un matelas, dans la chambre même où s'agitait le sort des captifs, ne dissimula pas la répugnance que lui inspirait une telle mesure; mais sa protestation ne fut pas écoutée, et la multitude continua de pousser des cris de vengeance autour de l'abbaye. Bonchamps apprit ce qui se passait. Il n'avait plus qu'un souffle de vie; mais l'esprit du christianisme vint ranimer un instant ses forces épuisées. Il prononça quelques paroles de clémence, qui furent portées aux Vendéens exaspérés. Aussitôt s'éteignirent les clameurs de la colère; les prisonniers furent mis en liberté, et alors se déroula, le 18 octobre 1793, par un temps sombre et froid, cette scène lamentable du passage de la Loire, qui a été si éloquemment retracée par Mme la marquise de Larochejaquelein. Transporté sur la rive droite du fleuve, Bonchamps fut déposé par ses compagnons d'armes dans une pauvre maison du hameau de la Meilleraye : il mourut là, quelques instants après, l'hostie sur les lèvres.

Voici les faits, tels qu'ils sont présentés par la plupart des historiens de la Vendée.

Voyons maintenant les objections.

Les contradicteurs ne s'entendent pas entre eux, et il y a deux modes d'argumentation.

Le premier consiste à soutenir que Bonchamps avait rendu le dernier soupir plus de vingt-quatre heures avant qu'on délibérât à Saint-Florent sur le parti à prendre à l'égard des prisonniers, et que son intervention en faveur de ceux-ci est tout simplement une fable, qui fut inventée par plusieurs chefs de l'armée en déroute, pour apaiser la fureur des soldats. C'est là, en particulier, le sentiment de M. Benjamin Fillon.

C'est une légende, dit-il, comme il y en a tant dans les annales de la révolte vendéenne, que ce prétendu dernier acte de la vie de Bonchamps ; car il est parfaitement établi à l'heure qu'il est, par les documents et les témoignages les plus irrécusables, qu'il était mort depuis 24 heures au moins, lorsque les prisonniers républicains coururent risque de la vie. Seulement ceux des chefs insurgés qui s'opposèrent à l'horrible boucherie résolue par la plupart de leurs collègues, sachant combien son humanité était connue de toute l'armée catholique, prirent, dit-on, sur eux de se servir de ce nom respecté, pour arracher tant de victimes à la mort. Bouvier des Mortiers, l'historien de Charette, l'a victorieusement démontré dans une brochure à laquelle les partisans de la légende n'ont répondu que par des déclarations très-pauvrement agencées (1).

Le démenti est nettement articulé ; mais nous trouvons dans la *Vie de Bonchamps,* publiée par M. Chauveau en 1817 (2), plu-

---

(1) *Lettres écrites de la Vendée à M. Anatole de Montaiglon, par Benjamin Fillon. Paris,* Tross, 1861. 1 vol. in-8°, page 100.
(2) *Paris,* Bleuet. 1 vol. in-8°.

sicurs certificats très-formels, quoique rédigés en termes moins durs, et sur lesquels nous voudrions bien avoir l'avis de l'auteur des *Lettres à M. de Montaiglon*. Ces documents nous paraissent d'une si grande importance dans la question, que nous les reproduisons ici littéralement :

I.

Nous soussignés, officiers et soldats de l'armée royale de la Vendée, sous les ordres de M. le marquis de Bonchamps, certifions qu'il est à notre connaissance qu'en 1793, après la bataille de Cholet, nous avions conduit avec nous cinq mille prisonniers républicains qui furent renfermés dans l'abbaye des Bénédictins de Saint-Florent. Irrités de la blessure mortelle de notre général, qui était sur le point de rendre le dernier soupir, les soldats voulaient faire périr les prisonniers renfermés dans l'abbaye. Déjà les canons étaient dirigés contre l'édifice, quand on alla demander à M de Bonchamps ce qu'il voulait qu'on en fît. Il répondit qu'il n'avait qu'une grâce à demander à ses soldats avant d'expirer : c'était de rendre la liberté à ces prisonniers sans leur faire aucun mal. Tous les Vendéens s'empressèrent d'obéir à la voix de leur général, et la liberté fut aussitôt rendue aux prisonniers. Nous garantissons sur notre honneur la vérité de la présente déclaration. *Saint-Florent-le-Vieil, ce 4 juin 1817.*

Grugel, curé de Saint-Florent-le-Vieil — Gazeau, maire de Saint-Florent — Lecocq, commissaire pour le roi — Guérif — Barré — Mélayer — Bretandeau — Lebrun — Porcher — Herché — Jean Chauueau — Dalainne — Oger, chirurgien-major — S. Courgeon, curé de la Chapelle-Saint-Florent — Plouzin, chef de division, capitaine en 1793 — Cocu, chef de bataillon — Forestier, curé de La Pommeraye, frère du général Forestier — Ragnea — Boudu — Rideau — Michelle, lieutenant — Chaperon, capitaine et maire de La Chapelle — Guichet, capitaine — Cussonneau — Chatignier — François Grimault — Pionneau, curé de Chaudron — Courtais, capitaine d'artillerie — Jean Delaunay, lieutenant — Sécher — Pionneau — Brunsard, lieutenant — Clément — Maruo — Chiron — Gulet — Lucas — Veillet, lieutenant.

II.

Nous soussignés, déclarons que les nommés : Pierre Avril, capitaine ; Avril (Etienne), lieutenant ; Oger (Joseph), capitaine ; Oger (Michel) ; Bourget (Louis) ; Rabjean (Louis), sergent ; Gabory ; Henri Guillaume ; Colomnier jeune ; Lefou, Guerchais ; Macé (P.) ; Macé (Julien) ; Gallard (R.) ; Poitevin (J.) ; Poitevin (L.) ; German père ; German (André) ; German (P.) ; Avrillault ; Allard (A.) ; Raimbault (F.) ; Vincent (L.) ; Onillon (L.) ; Onillon (R) ; Cussonbeau ; Chauvin (J.) ; Papin (S.) et

Moinet, ont parfaite connaissance que M. de Bonchamps sauva la vie à cinq à six mille prisonniers républicains, renfermés dans l'abbaye de Saint-Florent, le **18** octobre **1793**, en donnant l'ordre à toute l'armée de ne point les fusiller.

Nous avons lu aux susdits dénommés le présent certificat; ils nous ont déclaré ne savoir signer. En foi de quoi nous avons signé :

Le maire de Saint-Florent, **Gazeau** — **Lebrun**.

III.

Je, soussigné, ancien maréchal-des-logis des gardes-du-corps du roi, chevalier de l'ordre royal et militaire de Saint-Louis, certifie à qui il appartiendra que le 18 octobre 1793, M. de Bonchamps, général en chef de l'armée dite d'Anjou, blessé mortellement à l'affaire de Cholet, et peu d'heures avant sa mort, donna pour dernier ordre de faire respecter par toute l'armée la vie de cinq mille prisonniers républicains renfermés dans l'abbaye de Saint-Florent, et que cet ordre fut exécuté malgré la fureur des soldats, qui voulaient venger leur général expirant ; m'honorant de pouvoir rendre cet hommage à la mémoire de M. de Bonchamps, et à la gloire d'une vie illustrée déjà par tant de hauts faits d'armes, et couronnée par ce trait d'humanité digne de sa grande âme, de notoriété publique et que je puis attester comme témoin. En foi de quoi j'ai signé le présent. — *Ancenis,* *ce 10 juin 1817.*

Le chevalier DE FLEURIOT, maréchal de camp et commandant
en second l'armée vendéenne d'Anjou.

IV.

Le 18 octobre 1793, le surlendemain de la bataille de Cholet, où M. le marquis de Bonchamps, général et commandant en chef de l'armée d'Anjou, fut blessé mortellement, les Vendéens, arrivés à Saint-Florent, y trouvèrent cinq mille prisonniers républicains, et demandèrent leur mort à grands cris, pour venger leur général expirant. Ces prisonniers ne durent la vie qu'à l'ordre que donna M. de Bonchamps de les respecter et de les mettre en liberté ; cet ordre fut suivi par toutes les armées. Je, soussigné, alors commandant les chasseurs de Bonchamps, présentement colonel en retraite, chevalier de Saint-Louis, déclare sur mon honneur avoir pleine connaissance du fait ci-dessus rapporté. Je déclare en outre qu'en ma présence, au moment où l'ordre de M. de Bonchamps fut connu des prisonniers, ils crièrent spontanément: « Vive le roi ! » *A Saint-Florent-le-Vieil, le 5 juin 1817.*

MARTIN-BAUDINIÈRE DE LA POMMERAYE, colonel,
chevalier de Saint-Louis.

V.

Le 18 octobre 1793, M. le marquis de Bonchamps, commandant en chef l'armée royale vendéenne d'Anjou, étant blessé et rendu à Saint-Florent-le-Vieil, dans la maison du Val, dans la chambre touchant la rue, reçut un officier d'une autre division qui lui dit qu'il y avait cinq à six mille prisonniers républicains, enfermés dans l'abbaye, qui seraient dans deux heures nos ennemis, qu'il fallait s'en délivrer et les fusiller. M. de Bonchamps répondit qu'il ne fallait pas égorger des ennemis devenus prisonniers. En même temps, il donna l'ordre positif de les respecter, et son ordre fut exécuté. Peu d'instants après il passa la Loire, et mourut le même jour au village de la Meilleraye, dans la commune de Varade, en Bretagne. Je, soussigné, alors intendant de l'armée de Bonchamps, présentement curé de Montrevault, en Anjou, déclare, sur ma conscience et sur mon honneur, avoir entendu les paroles de M. de Bonchamps, et avoir été témoin oculaire du fait ci-dessus rapporté. *A Saint-Florent, le 5 juin 1817.*

MARTIN, curé de Montrevault.

Quelles pièces oppose-t-on à de pareilles déclarations? Dira-t-on que les Vendéens dont les noms figurent au bas de ces certificats ont été dupes de la fiction conçue par les chefs pour empêcher une exécution aussi barbare qu'absurde? La réponse serait plus ingénieuse que convaincante. En tout cas, il resterait à expliquer l'attestation de M. le chevalier de Fleuriot, qui assure avoir été témoin, et celle de M. Martin, curé de Montrevault, lequel affirme, « sur sa conscience et son honneur, avoir entendu les paroles de M. de Bonchamps. » Si M. Benjamin Fillon ne se trompe pas, il sera bien clair que M. l'abbé Martin et M. le chevalier de Fleuriot ne sont que des imposteurs.

Nous avons d'autres témoignages à citer, et qui n'émanent pas de Vendéens. Dans le *Moniteur*, par exemple, on rencontre un rapport d'où nous détachons ce qui suit :

Les représentants du peuple près l'armée de l'Ouest, à leurs collègues composant le Comité de Salut public.

Angers, le 30e jour du 1er mois de l'an I (21 octobre 1793).

.... Sans perdre de temps et semblables à des chasseurs qui poursuivent un animal à la course, nous sommes allés chercher les rebelles à Saint-Florent; seul et dernier repaire qui leur restait et où ils s'étaient réfugiés ; mais la terreur qui nous précédait était si grande qu'ils ne voulurent pas nous y attendre ; ils se précipitèrent dans des bateaux pour passer la Loire , et la confusion et le désordre qu'ils mirent dans leur fuite furent tels que des femmes, et des enfants même encore à la mamelle, ont été noyés au moment de leur embarquement. Bonchamps, un de leurs chefs, blessé à mort à l'attaque de Cholet, et qui s'était fait porter sur des brancards jusqu'à Saint-Florent , expira sur le bord de la rivière après l'avoir traversée. Delbée, leur général en chef, est aussi blessé mortellement. La perte de Bonchamp vaut une victoire pour nous , car il est de tous les chefs des brigands celui en qui ils avaient le plus de confiance, qu'ils aimaient le mieux, et qu'ils suivaient le plus volontiers.

Nous avons trouvé à Saint-Florent 40 caissons d'artillerie , beaucoup de pièces de canon qu'ils avaient jetées dans la Loire, n'ayant pu les emmener avec eux, et quantité de bleds et de farines. Parmi tant d'avantages, citoyens nos collègues, il en est un qui fait éprouver à nos cœurs une jouissance bien douce, et qui plaît bien à l'humanité. Indépendamment de tous les prisonniers délivrés à Mortagne , Châtillon, Cholet et Beaupréau, nous en avons arraché des bras de l'ennemi 5500 à Saint-Florent. Ces malheureuses victimes se sont jetées dans les bras de leurs libérateurs qu'ils baignaient des larmes de la joie, de la reconnaissance, et, d'une voix affaiblie par plus de cinq mois de supplices, les premières paroles qu'ils proféraient en nous voyant étaient les cris de *Vive la République !* Le nombre de tous ceux qui ont été rendus à la liberté depuis huit jours s'élève à plus de 8000.

Bourbotte — Turreau — Choudieu — Francastel (1).

Francastel et ses collègues ne font pas connaître à quelle intervention ils ont dû de revoir vivants les prisonniers dont ils se disent les libérateurs ; mais ils annoncent très-positivement au Comité de salut public que Bonchamps est mort sur la rive droite de la Loire , et non sur la route de Beaupréau à Saint-Florent. Erreur toujours , sans doute. Mais qu'on veuille bien encore une fois nous montrer les témoignages contraires à ceux que nous produisons.

L'historien Savary, qui, après avoir été président du district de Cholet , servait sous les ordres de Kleber , s'exprime ainsi , dans un ouvrage rempli de documents curieux, et l'un des plus utiles à consulter sur les guerres de l'Ouest :

Le 18 (octobre), vers les onze heures du matin, les avant-postes sur la route de Beaupréau à Saint-Florent, signalèrent un grand nombre d'individus qui se di-

---

(1) *Moniteur* de 1793, tome II, page 134.

rigeaient vers eux ; Beaupuy s'y porta de suite. C'étaient les prisonniers républicains, au nombre de 4 à 5 mille, qui tous proclamèrent, pour leur libérateur, Bonchamp prêt à rendre le dernier soupir. Il faut avoir vu ce spectacle attendrissant et terrible ; il faut avoir entendu le récit de leurs peines, de leurs espérances, enfin l'expression de leur reconnaissance, pour s'en faire une idée. Ils furent dirigés le même jour sur Cholet. Cependant l'armée s'était mise en marche de Cholet à 8 h. du matin, se dirigeant sur Beaupréau. « Les troupes de Chalbos, dit Kleber,
» par une injustice bien marquée, prirent la tête. Nous rencontrâmes en route plus
» de quatre mille prisonniers. Rien de plus attendrissant que de voir ces tristes
» victimes, pâles et défigurées, nous crier de loin et d'une voix presque éteinte :
» *Vive la République !*.... Nous apprîmes qu'ils avaient échappé à la mort, à la
» prière de Bonchamps, qui, expirant à la suite de ses blessures, avait demandé et
» obtenu leur grâce ; que l'armée rebelle, forte de près de cent mille individus, y
» compris quantité de femmes, d'enfants et de prêtres, passait la Loire depuis deux
» jours, et que beaucoup étaient encore dans les îles de cette rivière (1). »

L'auteur de *la Vendée en 1793*, M. François Grille, souvent invoqué par ceux qui ne veulent voir de héros que dans les rangs du parti républicain, cite, de son côté (sans dire, il est vrai, où se trouve l'original), le document suivant, sorte de répétition du passage de Savary :

Lettre de Bérard à Villiers.

Saint-Florent, le 19 octobre 1793.

.... Je t'écris de la chambre que vient de quitter Bonchamp.... A huit heures du matin, je quittais Beaupréau et j'étais en route, avec une partie de l'armée, pour Saint-Florent. A Montrevault, quelle a été notre surprise de voir arriver à nous une foule considérable, et plusieurs milliers de nos frères des bleus, déguenillés, défigurés, las, maigres, parlant à peine, et dans des émotions incroyables ! De loin on les prenait pour une troupe de rebelles. Beaupuy se porta en avant, et quand il eut reconnu que c'étaient des prisonniers qui venaient d'être délivrés par Bonchamp expirant, il en fut attendri jusqu'aux larmes. Nous pleurions tous. Mon Dieu, quelle scène !... Il y a une âme dans ce Bonchamp, et je ne serai plus si implacable avec ces brigands, que pourtant je déteste. Les prisonniers ont été dirigés sur Cholet, etc.... (2).

___

(1) *Guerre des Vendéens et des Chouans*, tome II, pages 278 et suiv.
(2) *La Vendée en 1793*, par M. H. Grille, tome II, page 336.

M. Grille est d'ailleurs parfaitement d'accord avec les historiens vendéens, en ce qui concerne la mort de Bonchamps :

« Quatre hommes, dit-il, mirent Bonchamps dans un quarrelet de pêcheur, et (je le tiens de l'un des quatre) le déposèrent dans une cabane du hameau de la Meilleraye, où *il rendit son âme à Dieu!* Ces paroles coururent dans les masses échevelées, etc... (1).

M. Eugène Bonnemère, qui a publié aussi une *Vendée en 1793*, parle à peu près dans les mêmes termes :

On plaça Bonchamps, raconte-t-il, dans une sorte de hamac fait avec un filet de pêcheur, et l'on transporta le précieux fardeau dans une cabane du hameau de la Meilleraye, entre Varades et la Loire, où il ne tarda pas à rendre le dernier soupir (2).

Jusqu'à preuves nouvelles, nous nous sentons dans l'impossibilité d'adopter l'explication donnée par M. Benjamin Fillon.

L'autre objection se formule ainsi :

Les Vendéens ont épargné les prisonniers républicains, parce qu'ils ont craint d'assumer sur le parti royaliste une responsabilité terrible, et la scène de Bonchamps arrêtant le massacre par un cri de clémence, jeté de son lit de douleur, n'est autre chose qu'une généreuse fiction, imaginée par l'un des captifs mis en liberté, le citoyen Haudaudine, pour sauver Mme de Bonchamps, traduite devant le tribunal révolutionnaire de Nantes.

Telle est l'assertion de M. de Barante fils, et celle de M. Eugène Bonnemère, qui a été reproduite par M. Jules Claretie, dans l'*Opinion nationale* du 31 août 1867.

Bonchamp, dit M. Barante, fut enseveli au bord de la Loire. On a rapporté que cinq mille prisonniers républicains amenés jusqu'à la Loire, au moment où on allait la traverser, avaient dû la vie aux instances de Bonchamp qui avait empêché de

---

(1) Grille, *la Vendée en 1793*, tome II, page 335.
(2) Bonnemère, *la Vendée en 1793;* Paris. Lacroix, Verboeckhoven, 1866; 1 vol. in-12, page 229.

les massacrer. Bonchamp expirait à ce moment, et c'est aux sentiments d'humanité de presque tous les autres généraux vendéens que ces prisonniers durent leur salut. Quelques mois après, plusieurs d'entre eux, pour délivrer Mme de Bonchamp, qui était prisonnière à Nantes, attestèrent qu'elle avait engagé son mari à user de son pouvoir pour sauver les prisonniers; cette circonstance a donné lieu au récit où un historien a attribué à Bonchamp cette action généreuse, dont il était, du reste, bien capable (1).

Voici maintenant la relation de M. Bonnemère :

Le mot de Bonchamps n'est rien qu'une de ces phrases à effet écrites après coup. Répété depuis, assez souvent pour acquérir avec le temps toutes les apparences d'une vérité, il a été inventé par un adversaire du général vendéen, par un des cinq mille républicains qui devaient périr sur la petite place de l'abbaye de Saint-Florent-le-Vieil. La scène n'eut rien de cette solennité que lui prêtent les historiens royalistes. Ce fut l'œuvre de tous et de personne; les chefs catholiques reculèrent devant cette effroyable boucherie de 5000 mille ennemis désarmés ; ils redoutèrent les justes représailles d'une armée victorieuse qui les poursuivait à quelques heures de marche ; ils relâchèrent leurs captifs afin qu'ils allassent au camp des Bleus plaider la cause des prisonniers royalistes qu'ils avaient entre les mains, et dont l'échange n'avait pas été accepté, et, à la place du mot heureux prêté à Bonchamps, il y eût une action bien plus sublime dont il est temps de restituer la gloire à son auteur.

Berthre de Bourniseaux, le plus ancien historien de ces guerres (1802), ne parle pas de Bonchamps, et sa narration tendrait plutôt à attribuer à Lescure le salut des 5000 captifs. Mme de Larochejaquelin, témoin oculaire, n'en parle pas davantage, et tout naturellement place sur le premier plan son premier mari, Lescure, qu'elle accompagnait alors. Enfin, et ceci me paraît concluant, Mme de Bonchamps elle-même ne cite pas ce trait de son mari, et raconte la scène d'une façon toute différente. Voici en effet ce qui arriva, ce qui fit attribuer au général vendéen ce trait de générosité suprême.

Mme de Bonchamps, qui avait souvent poussé les paysans au combat, elle l'avoue, fut arrêtée, conduite à Nantes, jugée et condamnée à mort On ne mit aucun empressement à faire exécuter son arrêt; elle obtint sa grâce — je dirai tout à l'heure à qui elle la dût — et comme on ne se hâtait pas davantage de lui ouvrir les portes de sa prison, elle envoya sa fille, jolie enfant de 6 à 7 ans, demander ses lettres de grâce à ce redoutable tribunal révolutionnaire de Nantes.

« — Citoyens, dit-elle en s'avançant toute tremblante, je viens vous demander la lettre de grâce de maman. »

---

(1) Biographie universelle de Michaud, tome V, page 94.

Un des juges prend l'enfant sur ses genoux, l'embrasse, cause avec elle, et pour la rassurer tout à fait, l'invite à chanter une chanson. Elle ne se fait pas prier, et de sa plus belle voix entonne la *Marseillaise* des Vendéens :

> Vive ! vive le roi !
> A bas la République !

et tous ces terribles jacobins d'éclater de rire , d'embrasser encore la charmante petite fille et de lui remettre la lettre de grâce de sa mère (1).

Toujours prêt à tous les dévouements, Haudaudine, dès qu'il avait appris la condamnation de la veuve de Bonchamps, avait juré de la sauver , et l'on sait qu'il tenait ses serments :

« Il *imagina* — c'est elle qui parle — il imagina pour y parvenir, de faire
» signer, par un grand nombre de prisonniers de Saint-Florent, une pétition adres-
» sée à la Convention, dans laquelle il était dit que c'était surtout à mes sollici-
» tations que les prisonniers de Saint-Florent avaient dû la vie. M. Haudaudine
» savait parfaitement que je n'avais aucune part à cette action, puisque je n'étais
» pas même avec mon mari lorsqu'il mourut ; mais il crut pouvoir se permettre un
» mensonge officieux pour me sauver. Afin de couvrir la pétition d'un plus grand
» nombre de signatures , cet homme généreux alla donc dans différents ports de
» mer, où il savait qu'il trouverait de ses compagnons d'infortune, qui n'hésite-
» raient point à signer sa pétition. Toutes ses démarches bienfaisantes furent cou-
» ronnées de succès ; ma grâce fut accordée, et je me plais à rendre justice à la
» vérité, en disant que j'ai dû la vie à la reconnaissance d'un républicain (2). »

Il y a ici une très-grave méprise , et l'interprétation de M. Bonnemère ne résiste pas à l'examen. Ce qu'a *imaginé* M. Haudaudine , c'est de présenter une pétition où l'on déclarait que la délivrance des prisonniers était due aux instances de Mme de Bonchamps ; mais ce mensonge d'un très-noble cœur ne prouve absolument rien contre les attestations sur lesquelles repose l'histoire du dernier acte de Bonchamps. Loin de là, nous semble-t-il, il les fortifie ; car la réflexion qui se présente naturellement à l'esprit, c'est que Haudaudine a cédé à une inspiration reconnaissante, et qu'il a entendu arracher à la mort la femme de son libérateur.

Mme de Larochejaquelein , dans ses Mémoires, d'un accent si

---

(1) Mémoires de Mme de Bonchamps, pages 135-137.
(2) Bonnemère. *La Vendée en 1793*, pages 223 et suiv.

touchant et si vrai, dit aussi, après avoir parlé de l'élargissement des Bleus :

Depuis, quelques-uns ont trouvé moyen de témoigner leur reconnaissance en sauvant Mme de Bonchamps à Nantes. Ils ont signé un certificat qui attestait que M. de Bonchamps, d'après la sollicitation de sa femme, avait obtenu leur grâce de l'armée vendéenne. Mme de Bonchamps n'a pas pu revoir son mari; on lui cachait l'état où il était, etc... (1).

Et plus loin, quand elle en vient à la captivité de Mme de Bonchamps, elle donne ces détails :

Mme de Bonchamp, dit-elle, lors de notre séjour à Ancenis, s'était procuré un batelet et avait essayé de passer la Loire avec ses deux enfants; les barques canonnières avaient tiré sur elle; un boulet avait percé le batelet; cependant elle eut le temps de regagner la rive droite; des paysans l'avaient sauvée à la nage, et elle s'était alors cachée dans une métairie des environs, où le plus souvent elle habitait le creux d'un vieux arbre. La petite vérole l'avait attaquée, ainsi que ses enfants, pendant cet état de misère; son fils en était mort. Au bout de 3 mois, elle fut prise, conduite à Nantes et condamnée à mort. Elle était résignée à périr, lors qu'elle lut sur un billet qu'on lui faisait passer à travers la grille de son cachot « Dites-vous grosse. » Elle fit en effet cette déclaration, qui fit suspendre le supplice. Son mari était mort depuis longtemps; elle fut obligée de dire que ce prétendu enfant était d'un soldat républicain; elle resta enfermée, et chaque jour elle voyait sortir les malheureuses femmes qui allaient mourir sur l'échafaud, et qu'on déposait toujours la veille dans son cachot, après le jugement. Au bout de trois mois, on vit bien qu'elle n'était pas grosse, et on voulut l'exécuter; elle obtint encore deux mois et demi pour dernier terme. La mort de Robespierre arriva et la sauva; ensuite on essaya de lui faire obtenir sa liberté. Ce fut M. Haudaudine qui mit le plus d'ardeur à lui rendre ce service.

M. Haudaudine était un honnête négociant de Nantes, zélé républicain, mais vertueux et de bonne foi; il avait renouvelé le trait de Régulus. M. Charette l'avait fait prisonnier; il obtint de retourner chez les républicains, pour leur proposer de ne plus fusiller les prisonniers et de consentir à un cartel d'échange. M. Haudaudine fut fort mal reçu à Nantes; on s'emporta beaucoup contre la lâcheté de sa proposition, et on lui signifia qu'il était dégagé de la parole qu'il avait donnée aux brigands. Au risque d'être victime des deux partis, M. Haudaudine vint trouver M. Charette qui le fit remettre en prison. Lorsque M. Charette fut repoussé jusqu'à Tiffauges, M. Haudaudine fut mêlé avec nos prisonniers et épargné comme

---

(1) Mémoires de Mme la marquise de Larochejaquelein. 4e édition. Paris. Michaud. 1817, page 257.

eux à St-Florent. Cette générosité excita sa reconnaissance, et dès qu'il put rendre service aux Vendéens, il s'y employa avec zèle. Pour sauver Mme de Bonchamp, il fit certifier, par plusieurs prisonniers de Saint-Florent, qu'elle avait obtenu, de son mari mourant, la grâce de 5000 républicains.

Mme de Bonchamp s'excusa de fort bonne grâce d'avoir pris pour elle une gloire qui appartenait à toute l'armée, et me dit qui si j'avais été en prison avec elle, le certificat eut été pour toutes deux. Elle y avait acquis plus de droits qu'aucune autre, en repoussant M. d'Argognes et les soldats ameutés contre les républicains prisonniers (1).

Ces lignes confirment le témoignage de Mme de Bonchamps, et rien de plus.

Mme de Larochejaquelein (en ce temps marquise de Lescure), qui, pendant la halte de l'armée catholique à Saint-Florent, était toute entière aux soins que réclamait l'état de son mari, n'a rien su, il est vrai, de l'ordre donné par Bonchamps. Mais il n'y a encore aucune induction à tirer de ce silence; et ce qui le montre, c'est la note suivante, insérée par Mme de Larochejaquelein dans la cinquième édition de ses Mémoires :

On voit dans la *Vie de Bonchamp*, qui a paru depuis mes Mémoires, une quantité de certificats qui assurent que ce général, ayant appris sur son lit de mort que les prisonniers risquaient d'être massacrés par une émeute, avait fait crier grâce en son nom. Je l'avais ignoré ; ce qui est simple, au milieu de l'affreux désordre de notre armée en ce moment (2).

Mme de Larochejacquelein se fût-elle décidée à cette rectification, si la pétition, signée à Nantes par les républicains, avait eu pour elle le sens qu'on veut y attacher ? Cela est peu vraisemblable.

Pour pouvoir *imaginer*, dit M. Bonnemère, que Mme de Bonchamp absente avait obtenu de son mari mourant la grâce des 5000 républicains — ce qu'elle ne dit pas d'ailleurs ; car il n'est nullement question dans tout cela de mot de Bonchamp, qui méritait cependant d'être rapporté par sa veuve, s'il eût été dit — il fallait bien que Haudaudine imaginât préalablement que c'était à Bonchamp que cette grâce était due.... Il paraît donc hors de doute que, non content de son action sublime, Haudaudine a *fait* par surcroît le mot célèbre qui a popularisé le nom du général

---

(1) Mémoires de Mme la marquise de Larochejaquelein, 4e édition, pages 410 et suiv.
(2) Mémoires de Mme la marquise de Larochejaquelein. 5e édition. *Paris.* Imprimerie royale, 1822, page 251.

vendéen. Haudaudine, en promenant en tous lieux son pieux mensonge pour recueillir des signatures, lui a donné la force d'une vérité ; la tradition s'en est emparée,
et les historiens ont repoussé le témoignage de Mesdames de Bonchamp et de La
Rochejacquelein pour accueillir la tradition populaire plus poétique , plus favorable
à leur héros. Puis ils ont laissé dans l'ombre le Régulus nantais, comme s'ils eus-
sent craint qu'en attirant sur lui l'attention, on n'arrivât trop facilement à la décou-
verte de la vérité (1).

Singulière façon d'enchaîner les idées , et qui eût bien étonné
les logiciens de nos vieilles universités ! Quelque respect que nous
ayons pour le caractère et le talent de M. Bonnemère , nous ne
saurions nous rendre à son argument. Oui , sans doute , si Haudaudine ne croyait pas avoir été sauvé par un ordre de Bonchamps
(ce qui est à démontrer) , il fallait bien qu'il inventât cet ordre ,
pour en attribuer le mérite à Mme de Bonchamps. Mais si Haudaudine, au contraire , était convaincu qu'il devait la vie et la liberté
au général vendéen , il n'avait à « imaginer » que le rôle de
Mme de Bonchamps. Or, telle était précisément sa situation , à en
juger par le certificat suivant , daté de 1817 , c'est-à-dire d'une
époque où il n'existait plus aucun motif de composer des fictions
en faveur des royalistes :

Nous, soussignés, habitants de Nantes, déclarons et attestons sur l'honneur
qu'ayant fait partie des prisonniers républicains qui se trouvaient, le 18 octobre 1793,
entassés au nombre de 5500 environ à Saint-Florent-le-Vieil, où notre délivrance
eut lieu le lendemain par l'armée républicaine, nous ne dûmes notre salut à cette
fatale époque, qu'au caractère noble et généreux de M. de Bonchamps, l'un des
généraux de l'armée vendéenne, qui, peu d'instants avant sa mort, parvint par ses
exhortations à contenir la fureur de ses troupes, et leur fit même la défense la
plus rigoureuse d'attenter à la vie des prisonniers, dont le sacrifice paraissait
résolu. — *Nantes, le 2 juillet 1817.*

Haudaudine. — Poinparay. — J. B. Maucomble. — F. Marrion (2).

Nous sera-t-il répondu , par des critiques difficiles à convaincre,
que le citoyen Haudaudino a pu, lui aussi , être trompé par la
fausse nouvelle répandue dans l'armée vendéenne ? Alors il n'a

---

(1) Bonnemère, *la Vendée en 1793*, pages 226 et 227.
(2) *Vie de Bonchamps*, par M. Chauveau. Pièces justificatives.

pas *fuit* le mot de Bonchamps, comme l'affirme M. Bonnemèr
et puisque la prétendue combinaison des chefs vendéens ne s
tablit que par voie de déduction, nous cheminons dans un de
cercles obscurs dont on connaît le nom classique.

M. Bonnemère se plaint de ce qu'on n'ait jamais songé à éle
un monument à la gloire de Haudaudine. Rien ne nous pai
plus légitime qu'un pareil regret. Mais hélas ! combien l'histo
n'atteste-t-elle pas d'oublis ou d'injustices de ce genre? Au res
qu'il s'ouvre une souscription, et nous croyons pouvoir garar
que les admirateurs de la Vendée, qui n'envoient pas d'offran
au *Siècle* pour la statue de Voltaire, seront jaloux de se faire
scrire pour celle de l'honnête républicain, qui a su tout à la f
se montrer fidèle à son serment et donner l'exemple d'une c
rageuse gratitude. Ils ne demanderont qu'une seule faveur
retour, c'est qu'on ne trouble pas, sans de graves et solides
sons, leur foi dans une parole sublime, dont le souvenir a
immortalisé par le ciseau d'un autre républicain reconnaissant.

(Extrait de la Revue d'Anjou.)

Angers. — Imp. E. Barassé.

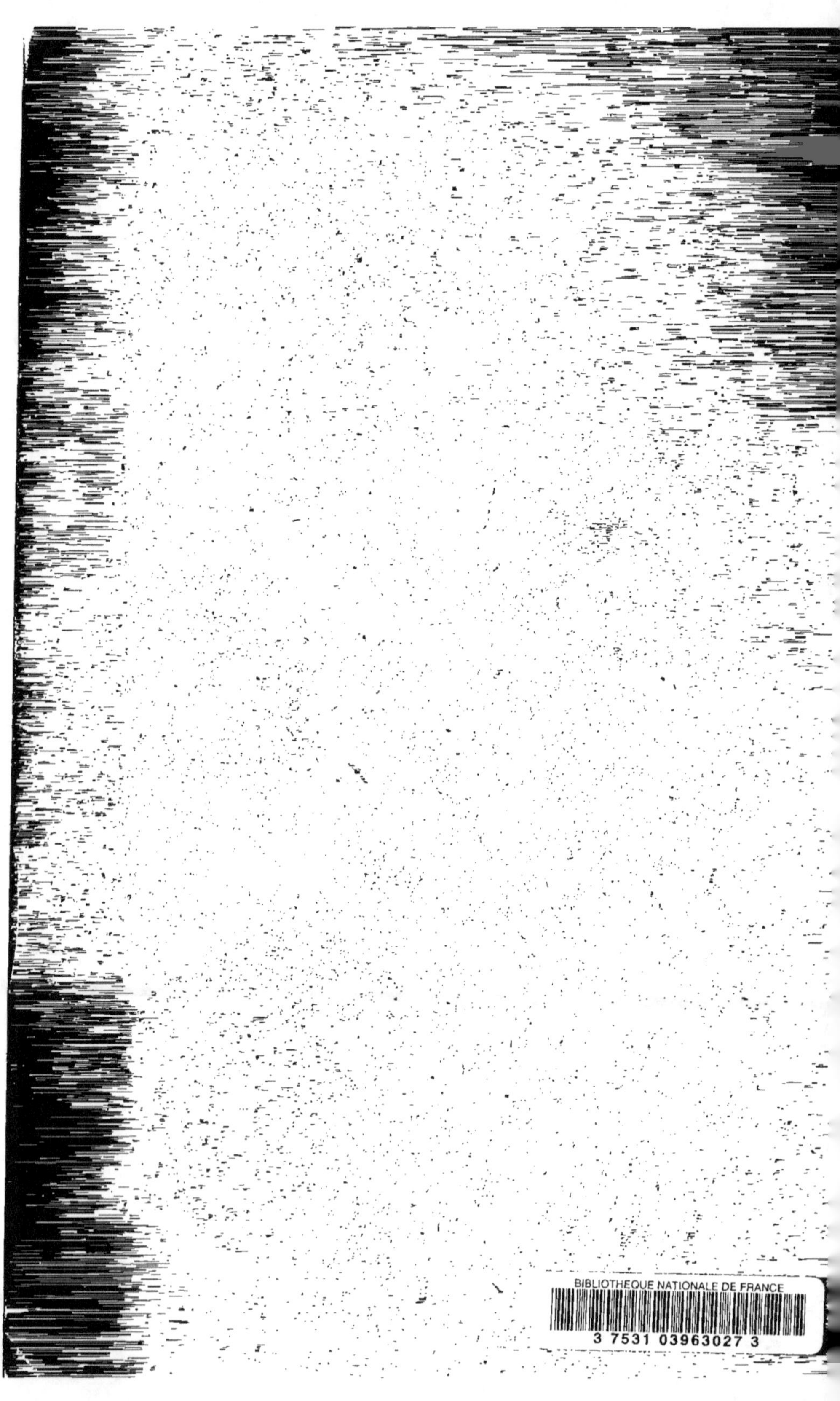

www.ingramcontent.com/pod-product-compliance
Lightning Source LLC
Chambersburg PA
CBHW061613050726
47595CB00007B/2933